L'EUROPE

CHRÉTIENNE

EN ORIENT

DU MÊME AUTEUR :

PIE IX. 1 fort vol. grand in-18 jésus, orné d'un portrait et d'un *fac-simile*. 3 fr. 50

QUELQUES PAGES D'HISTOIRE, *à propos des droits temporels du Pape*. Brochure in-8o. (Épuisé.)

NOTICE SUR LE R. P. DE RAVIGNAN. 1 vol. grand in-18 jésus.   1 fr. 25

DE L'IDOLATRIE DE LA CHAIR. Lettre au P. Enfantin. Brochure in-8o. (Épuisé.)

En préparation :

DE L'ASSEMBLÉE DE 1682 *et de la liberté de l'Église*. 1 vol.

LA FEMME. 1 vol. avec cette épigraphe : « Après Dieu, d'elles vient l'honneur » que les hommes reçoiuent, de sorte que blasmer les Dames qui n'ont pas le » moyen de se reuenger pour la fragilité de leur sexe, c'est perdre tout honneur, » se honnir et vilainer soy-mesme. » (*Paroles du duc Louys de Bourbon instituant l'ordre de l'Escu-d'Or, le* 1er *janvier 1363.*)

DU MARIAGE, *et des Devoirs et des Biens attachés à l'Union chrétienne de l'Homme et de la Femme*. 1 vol. avec le *fac-simile* d'une lettre du R. P. DE RAVIGNAN à l'Auteur.

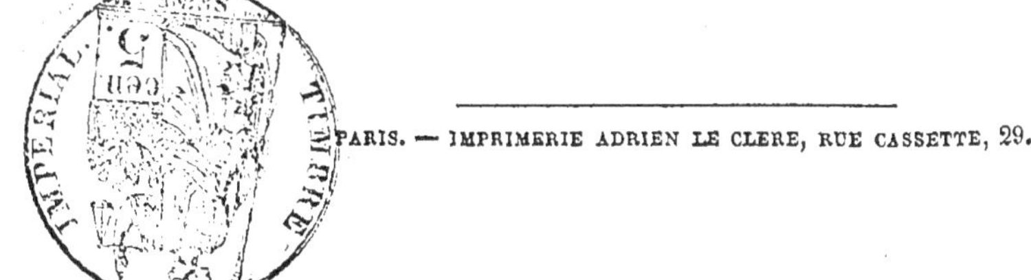

PARIS. — IMPRIMERIE ADRIEN LE CLERE, RUE CASSETTE, 29.

L'EUROPE

CHRÉTIENNE

EN ORIENT

PAR

ALEX. DE SAINT-ALBIN

A Turcarum tyrannide, libera nos, Domine!
Prière de l'Église, au temps des Croisades.

PARIS

E. DENTU, LIBRAIRE-ÉDITEUR	ADRIEN LE CLERE ET Cie
PALAIS-ROYAL	IMPRIMEURS-LIBRAIRES
13, GALERIE D'ORLÉANS, 13	29, RUE CASSETTE, 29

M DCCC LX

Tous droits réservés.

L'EUROPE
CHRÉTIENNE
EN ORIENT

La haine du nom chrétien a remis le fer aux mains des barbares, et ils ont juré de ne s'en dessaisir « qu'après avoir coupé
»la tête à tous ceux qui font le signe de la Croix (1) ! » Cent mille
Chrétiens peut-être ont déjà péri. Plus de cent soixante villages des pays maronites sont détruits; une ville de dix mille
âmes, Zahlé, après avoir résisté aux premiers assauts des
Druses, a été saccagée. A Damas, les barbares ont fait, comme
partout, de la population chrétienne deux parts, ils ont tué les
hommes, les vieillards, les enfants, ils ont pris les femmes
pour les harems. Et, comme s'ils avaient craint que nous pus-
sions encore nous méprendre et dire : Que nous importe? ce
n'est pas nous qui sommes menacés, ce ne sont que les Chrétiens d'Orient qu'on massacre!— ils ont étendu à toute l'Europe
chrétienne, autant qu'ils l'ont pu faire jusqu'ici, cette guerre
d'extermination, ils ont brûlé les consulats des puissances
européennes, ils ont tué un consul, ils ont réduit les autres à
chercher un refuge chez l'émir Abd-el-Kader. Si le châtiment
n'était pas égalé au nombre et à la grandeur de ces attentats,
si leur audace pouvait s'accroître encore de la faiblesse de
la répression, si l'Europe n'osait pas faire justice, et la faire

(1) Un Religieux de la Société de Jésus écrivait le 23 juin : « Un chef druse
» a juré de ne remettre son épée au fourreau qu'après avoir coupé la tête de
» tous ceux qui font le signe de la Croix. »

elle-même, malheur à l'Europe ! Il n'y a pas de frontières, il n'y a pas de latitude pour le fanatisme. Et *tous ceux qui font le signe de la Croix* sont odieux au même titre à ces tigres affamés de chair et de sang, qui n'ont plus d'homme que le nom, et qui ne connaissent d'autres lois que leurs appétits brutaux.

Ce n'est pas l'heure de récriminer, quand le sang de nos frères coule. Mais, depuis trente années, nous entendons parler sans cesse de la question d'Orient. Les politiques en ont voulu faire une question politique, qu'ils ont jugée diversement suivant leurs combinaisons d'équilibre européen, et ils ont couru sur cent routes à la recherche d'une solution qu'ils n'ont pas pu trouver. Et voilà que la question d'Orient révèle au monde qui affectait de le méconnaître son véritable caractère. Que tant de grands esprits, pleins de dédain pour tous les intérêts chers à nos pères, se rient de la question religieuse ; qu'ils la relèguent parmi les choses du passé, qui sont mortes et qui ne peuvent plus renaître : la question religieuse reparaît en dépit d'eux, et elle a cette puissance singulière de se montrer partout à la fois : elle est en Allemagne, elle est en Suède, elle est en Pologne, elle est en Irlande, elle est surtout en Italie et en Orient. Ici et là, il s'agit d'être Chrétiens ou de ne l'être pas, d'être les enfants dociles de l'Église de Jésus-Christ et les maîtres du monde, ou affranchis de l'autorité de Dieu, de tomber au pouvoir des Mazziniens et des Garibaldiens, des Druses et des Turcs.

Cette question d'être ou de n'être pas, cette question de vie ou de mort, cette question religieuse est en même temps comme presque toutes les questions religieuses une question particulièrement française. Ces Maronites, objet de la fureur et de la cruauté des Druses, prétendent au titre de Français, et font voir, à l'appui de cette juste prétention, une charte que saint Louis leur a octroyée pour prix de l'assistance que nos pères ont reçue d'eux dans les Croisades.

Cette charte, adressée au Prince des Maronites du mont

Liban et aux Patriarche et Évêques de cette nation, est ainsi conçue :

« Notre cœur s'est rempli de joie lorsque nous avons vu
» votre fils Simon, à la tête de vingt-cinq mille hommes,
» venir nous trouver de votre part pour nous apporter·
» l'expression de vos sentiments et nous offrir des dons, outre
» les beaux chevaux que vous nous avez envoyés. En vérité,
» la sincère amitié que nous avons commencé à ressentir
» avec tant d'ardeur pour les Maronites, pendant notre séjour
» à Chypre, où ils sont établis, s'est encore augmentée. Nous
» sommes persuadé que cette nation, que nous trouvons éta-
» blie sous le nom de Saint-Maroun, est une partie de la
» nation française, car son amitié pour les Français ressemble
» à l'amitié que les Français se portent entre eux. En consé-
» quence, il est juste que vous et tous les Maronites jouissiez
» de la même protection dont les Français jouissent près de
» nous, et que vous soyez admis dans les emplois comme ils
» le sont eux-mêmes. Nous vous invitons, illustre Prince, à
» travailler avec zèle au bonheur des habitants du Liban, et
» à vous occuper de créer des nobles parmi les plus dignes
» d'entre vous, comme il est d'usage de le faire en France. Et
» vous, seigneur Patriarche, seigneurs Évêques, tout le clergé,
» et vous, peuple maronite, ainsi que votre noble Prince, nous
» voyons avec une grande satisfaction votre ferme attache-
» ment à la Religion Catholique et votre respect pour le Chef
» de l'Église, successeur de saint Pierre à Rome ; nous vous
» engageons à conserver ce respect et à rester toujours iné-
» branlables dans votre foi. Quant à nous et à ceux qui nous
» succéderont sur le trône de France, nous promettons de
» vous donner, à vous et à votre peuple, protection comme
» aux Français eux-mêmes, et de faire constamment ce qui
» sera nécessaire à votre bonheur.

« Donné près Saint-Jean-d'Acre, le 21ᵉ jour de mai 1250, et
» de notre règne le vingt-quatrième. »

Et aujourd'hui même, la désolation des Maronites est, de la

part du petit-fils et de la petite-fille de saint Louis, l'objet
de la même commisération et du même empressement géné-
reux qu'une grande infortune française.

« Une foule de Chrétiens et de pieux solitaires qui habi-
» taient le Liban, accouraient, dit M. Michaud, pour visiter
» leurs frères d'Occident, leur apportaient des vivres et les
» conduisaient dans leur route (1). » Et l'historien des Croisades rend encore à cette population chrétienne (2) ce témoignage, qu'elle « était vaillante à la guerre et composée
» d'hommes forts et vigoureux; redoutable gardienne du Li-
» ban, elle arrêta souvent les Infidèles dans leurs invasions,
» et fut un utile auxiliaire pour les Francs (3). »

Comme ils ont partagé les fatigues et les périls de nos pères
dans les Croisades, qui leur coûtèrent quarante mille des
leurs, ils ont été associés à la gloire de ce royaume chrétien
de Jérusalem, où se sont confondus un instant les Chrétiens
de toutes les races, différents d'origine, mais n'ayant qu'une
foi, qu'un baptême et qu'une espérance. S'ils avaient pu
perdre le souvenir de cette réunion, qui fut, hélas ! de trop
courte durée, les noms européens d'un certain nombre d'entre
eux, surtout les noms français, leur rappelleraient que leurs
pères et nos pères ont été ensemble les sujets des Chefs français Rois de Jérusalem. Mais la rage de leurs persécuteurs,
que tant de siècles n'ont point lassée, les appellent indiffé-
remment Chrétiens ou Francs, car la haine et le mépris de
ces éternels ennemis de la Croix ne sait point distinguer entre

(1) *Histoire des Croisades*, livre IV, VIIIe édition, tome I, p. 212.

(2) Raymond d'Agiles porte à 60,000 le chiffre des Chrétiens du mont Liban,
et il ajoute : « Ces Chrétiens servirent de guides aux pèlerins, et leur indi-
» quèrent trois routes pour arriver à Jérusalem : la première par Damas, route
» facile, presque toujours en plaine, et qui ne manquait pas de vivres (*plena
» victualium*); la deuxième, par le Liban, dans laquelle on était en sûreté, et
» on trouvait des provisions; mais elle était très-pénible pour les bêtes de
» somme; la troisième, le long de la mer, remplie de défilés, où cinquante
» musulmans auraient pu, s'ils avaient voulu, arrêter le genre humain tout
» entier. Cependant, disaient les Chrétiens aux pèlerins, si vous êtes cette
» nation qui doit s'emparer de Jérusalem, vous devez, d'après l'Évangile de
» saint Pierre, passer le long de la mer, quoique cette route nous paraisse
» impossible à suivre. » (*Bibliothèque des Croisades*, tome I, p. 40.)

(3) *Histoire des Croisades*, livre VII, tome II, p. 32 et 33.

ces deux noms-là. Pour bénir la France ou pour la maudire, les peuples de l'Orient, chrétiens ou infidèles, ne la voient encore à cette heure qu'à travers l'impérissable souvenir de ce guerrier chrétien qui personnifiait la France dont il était le Roi, et qui par sa foi et par sa piété semblait en même temps personnifier l'Église. Les Maronites se considèrent eux-mêmes comme un démembrement de la France à l'extrême Orient, et les Druses et les Musulmans les exècrent comme Francs et comme Chrétiens. Et la France aurait pu leur dire d'avance, en reprenant la divine parole : « Ils vous feront tous ces indignes traitements à cause de mon nom (1). » Leur cause est notre cause, c'est notre sang qui coule dans leurs veines, ou plutôt c'est notre sang que la lâche fureur de ces Tartares et de ces Druses vient de répandre. Ils osent bien s'en glorifier, ils osent dire que c'en est fait de l'influence de la France, et qu'en exterminant les Maronites ils l'ont anéantie. A Beyrouth, ils ont levé deux fois le sabre nu sur la tête du consul français, mais la peur du nom français a encore retenu leur bras. En voyant flotter sur une filature l'étendard aux trois couleurs, ils ont cru reconnaître le signe nouveau de notre antique puissance, et ils ont mis le feu au bâtiment que le drapeau devait protéger. Mais dès qu'ils ont su que ce drapeau était celui du Piémont, ils se sont empressés d'éteindre l'incendie (2).

Et pourtant cette race d'assassins avait naguère ses partisans enthousiastes au milieu de nous. Des apôtres du progrès indéfini osaient recommander à notre admiration la société turque, ses lois, ses mœurs, ses croyances! Les motifs de cette étrange sympathie frappent assez les yeux. Mais au récit de cet épouvantable massacre de nos frères du Liban, la France n'a eu qu'un cœur et qu'un cri. Sans se laisser arrêter ni par ce projet d'enquête dérisoire ni par les protesta-

(1) Joan., xv, 21.
(2) « Notre maison, sur laquelle flottait, par ordre du consul général, le dra-
» peau de la France, n'a pas été respectée. » (Lettre du R. P. Rousseau, de la
Société de Jésus. Saïda, 4 juillet.)

tions du Sultan, qui semble demander grâce pour sa souveraineté convaincue d'impuissance, la France veut protéger les Chrétiens échappés au massacre et châtier cette horde d'assassins.

Il n'y a plus de dissidence que sur l'étendue de la répression, et sur les moyens d'empêcher le retour de ces scènes de carnage.

Un optimisme vraiment invincible, puisqu'il ne succombe point devant cette débauche de sang humain, voudrait persuader à l'Europe d'agir de concert avec le gouvernement turc pour assurer la répression et la protection. On ne craint pas de dire : « C'est évidemment d'accord avec les grandes » puissances et *avec le Sultan lui-même*, que la France va » agir en Syrie (1). » On ne craint pas de définir l'expédition qui se prépare, aux applaudissements de la France entière, « un appui que nous allons donner à la Turquie (2). » N'est-ce pas comme l'écho de cette déclaration faite par lord John Russell à la Chambre des Communes, que « le gou- » vernement français est entré en communication avec les » grandes puissances, pour voir ensemble s'il faut inter- » venir et *aider la Porte à arrêter le massacre de Syrie!* » Mais du moins ces paroles du ministre anglais répondent bien aux sentiments de sa nation partagée entre l'horreur que de tels crimes inspirent à tout ce qui n'a pas le cœur d'un Turc ou d'un Druse et la crainte de voir grandir l'influence française en Orient. La pitié combattue par la jalousie ne parlera pas longtemps à nos rivaux, et l'Angleterre se livrera bientôt sans réserve aux inspirations de son orgueil jaloux. Alors (si cette politique tortueuse pouvait prévaloir contre l'indignation et l'impatience de l'Europe chrétienne), l'intervention serait empêchée par les négociations mêmes qu'on

(1) Le *Constitutionnel* du samedi 21 juillet.
La *Patrie* qui réclame les mesures les plus énergiques veut qu'on les prenne » d'accord avec la Porte ». Que veut-elle donc ? Des mesures sérieuses ou un accord qui équivaudrait à un abandon de tous nos droits, à un oubli de tous nos devoirs ?
(2) Le *Constitutionnel* du jeudi 26 juillet.

aurait engagées pour la préparer (1). Lord John Russell dit donc ce que doit dire et fait ce que doit faire l'homme d'État qui s'est mis au service d'une politique égoïste et jalouse. Mais il est plus difficile d'expliquer qu'un tel langage puisse être tenu en France, et par des journaux qui tant de fois désavoués, affectent toujours d'avoir reçu mission de révéler à la France et au monde la pensée secrète et les résolutions du gouvernement.

Si le gouvernement avait voulu écouter les conseils de cette politique timide et ouvrir des négociations avec la Porte, il n'aurait pas publié, comme il l'a fait, dans son journal officiel (2) ce récit qui accuse si hautement le gouvernement turc d'impuissance et de complicité tout à la fois dans les massacres de la Syrie. Pour protéger ceux qui ont un si pressant besoin de protection, on ne se concerte pas avec qui ne peut faire rien que des vœux; pour châtier des criminels, on ne se concerte pas avec leurs complices. La publication du *Moniteur* répondait à ces déclarations faites avec tant d'assurance et avec si peu d'autorité; elle confirmait ce qu'on croyait déjà savoir de la vigueur des résolutions du gouvernement. La note qui l'a suivie (3) et qui parle de l'*acquiescement du Sultan*, ne subordonne pas à cet acquiescement, le départ très-prochain de nos troupes. C'est un hommage rendu aux sentiments personnels du Sultan, étranger à tout ce qui se passe et qui le déplore. C'est la réponse à sa lettre.

(1) Le journal ministériel, le *Morning-Post*, étant plus que jamais en parfait accord avec le ministre, a pu être un peu plus explicite que lui : «... Une » telle intervention ne pourrait avoir lieu qu'en vertu d'une convention spé- » ciale conclue avec la Turquie, ce qui doit donner lieu à des négociations ; » et, en attendant que les négociations aboutissent, la Porte aura le temps de » pacifier la Syrie, ce qui alors rendra l'intervention inutile. » Le *Morning-Post* a raison : comme il ne veut pas d'intervention, il demande qu'on négocie, qu'on leurre par des dépêches, des notes et des contre-notes, l'ardente sympathie des Chrétiens d'Occident pour leurs frères d'Orient. Sa politique est de celles que l'on n'avoue pas ; mais du moins elle a un but, et on l'y voit tendre par un effort intelligent. Pour ceux qui veulent négocier et débattre longuement avec la Porte le caractère et les conditions d'une intervention, ils ressemblent à un passant officieux qui adjurerait un assassin de s'interrompre dans la perpétration de son crime, et de se présenter avec sa victime devant le juge en conciliation.

(2) *Moniteur* du samedi 21 juillet.
(3) *Moniteur* du dimanche 22 juillet.

Une politique différente, une politique de négociations, d'atermoiement et d'abandon de tous nos plus chers intérêts, ne serait pas une nouveauté. Ce n'est pas la première fois que ces cris de détresse nous arrivent du fond de l'Orient. En 1844, 1845 et 1846, pour ne pas remonter plus haut, nous avons assisté aux mêmes massacres, aux mêmes supplices, nous avons été les témoins de cette lâche férocité qui met encore à cette heure la Syrie à feu et à sang, de cet acharnement sauvage des bourreaux contre les victimes, et nous en avons été les témoins à peu près impassibles. Le chef du parti catholique, comme on disait alors, s'efforçait d'émouvoir la France en retraçant devant elle ces scènes pleines d'horreur :

« .... Les dernières correspondances dont j'ai eu connais-
» sance annoncent la continuation des hostilités, des ravages et
» des assassinats commis par les Druses, et, ce qui ajoute consi-
» dérablement à la gravité de la situation, par les Druses avec
» le concours des Turcs, des Turcs, responsables envers la
» France de l'accomplissement des engagements pris envers
» les Maronites. Ces Druses donc, aidés par les Turcs, commet-
» tent des atrocités inouïes dans les villages des Maronites ;
» ils écartellent les petits enfants, massacrent les prêtres ; ils
» brûlent les vieillards ; et quant aux femmes, ils leur font su-
» bir des traitements tellement horribles que je n'oserais en
» parler à la tribune ; enfin ils commettent toutes les horreurs
» qu'on ait jamais racontées dans l'histoire (1). »

Cette nation digne encore de toute notre pitié, quand rien dans l'histoire de son passé ni dans son inébranlable fidélité à nos communes croyances ne lui donnerait droit à nos plus ardentes sympathies, cette nation, sœur infortunée de la nation française, s'était adressée pleine de confiance et d'espoir à la France, prospère et puissante entre toutes les nations. Elle s'était souvenue de ce patronage des faibles et des opprimés, exercé par nous pendant tant de siècles... Mais, hélas !

_____

(1) M. le comte DE MONTALEMBERT. Chambre des Pairs, 15 juillet 1845.

nous ne nous en souvenions plus. Elle n'attendait son salut que de nous. Après Dieu, c'était la France, croyait-elle, qui devait la secourir et la défendre. Indignes fils de nos pères par qui Dieu agissait dans le monde, nous avons laissé Dieu agir seul. Et dans la même séance que je viens de rappeler, le grand orateur catholique rappelant des massacres précédents comme je rappelle aujourd'hui ceux de 1845 et de 1846, nous reprochait d'être restés sourds aux cris de détresse de nos frères :

« L'année dernière, tout le monde a pu voir ici à Paris, un
» Archevêque de ces contrées qui fatiguait, je puis le dire,
» de ses plaintes et de ses doléances tous les ministres, et
» même tous les hommes politiques, de quelque opinion que
» ce fût. Il venait nous dire à tous : Vous ne savez pas les
» dangers que court le Liban ; vous ne savez pas à quoi sont
» exposés vos protégés de ce pays ; vous ne voulez pas le
» savoir, je viens vous le dire, et bien d'autres le confirme-
» ront. On ne l'a point écouté, quoiqu'il ait prédit tout ce qui
» est arrivé depuis. On l'a renvoyé, et il n'a remporté que de
» vaines paroles. J'ai recueilli, comme beaucoup d'autres,
» ses doléances et ses plaintes, et je l'ai vu se retirer en
» disant que la France avait renoncé à sa mission, qu'elle ne
» voulait rien faire de positif pour ses protégés de Syrie, et
» qu'il en résulterait de grands malheurs. »

Cette prédiction faite un an auparavant par l'Archevêque maronite était accomplie. On pouvait la renouveler et dire encore que si la France ne voulait pas reprendre sa mission, les Druses et les Turcs continueraient d'égorger les Maronites, de brûler les vieillards, d'écarteler les enfants, et de faire envier aux femmes le sort de ces innocentes créatures, qui du moins n'avaient rien à regretter ni à rougir de rien en quittant la vie.

Qu'allait faire cependant le gouvernement français mis ainsi en demeure d'exercer la prérogative la plus auguste de la puissance, qui est de faire justice et de châtier le crime, et sa prérogative la plus douce qui est de relever ceux que les méchants foulent aux pieds ! Le gouvernement d'alors, qui eut si souvent l'intelligence du bien, voulut l'accomplir et ne le put faire, et porta ainsi pendant dix-huit années la peine de son origine, ne pouvait pas être le protecteur sérieux des Chrétiens d'Orient. M. Guizot, répondant à M. le comte de Montalembert, faisait ce noble aveu des fautes du gouvernement dont il était l'organe :

« .... Nous avons pensé dès lors (1) que la chute de l'an-
» cien mode d'administration de la Syrie, d'une administra-
» tion unique, nationale et chrétienne, livrerait la Syrie
» à une anarchie déplorable. Nous l'avons dit. Nous étions
» alors, et l'honorable préopinant ne peut le méconnaître,
» dans une assez mauvaise situation pour prendre le parti
» des Chrétiens de Syrie; nous les avions récemment, passez-
» moi le mot, abandonnés dans leur lutte contre le pacha
» d'Égypte; nous avions pris le parti du [pacha, non-seule-
» ment contre la Porte, mais contre les Maronites de la Syrie
» insurgés contre lui. Cela affaiblissait extrêmement notre
» position à Constantinople quand nous parlions pour eux. »

On ne fit donc rien, on ne put rien faire en 1845 pour les Chrétiens d'Orient, que *parler pour eux à Constantinople*, et parler avec une *extrême faiblesse*. Le Turc qui dit à cette heure même au Chrétien qu'il vient de clouer sur la Croix : « Pourquoi ton Dieu ne te sauve-t-il pas maintenant (2) ? » sans savoir que cette parole fut adressée pour la première fois au divin Crucifié, le Turc et le Druse pouvaient déjà demander aux Maronites, et ils l'ont fait, pourquoi la France ne les sauvait pas? Les bourreaux, assurés de l'impunité, faisaient succéder les supplices aux supplices. Et un an après cette protestation généreuse et stérile qui n'avait éveillé que des regrets impuissants, un Évêque du Liban s'adressait en-

(1) En 1841.
(2) Lettre de M. François Lenormant (Beyrouth, 1er juillet). Cette dérision dans le choix du supplice est un témoignage de plus du caractère tout religieux de la question d'Orient.

core à la France. Il avait souffert mille morts, car un père
souffre lui-même tous les maux, tous les supplices, toutes les
tortures de ses enfants. Et ces douleurs surhumaines don-
naient à sa prière une éloquence qui ne peut être comparée à
nulle autre (1) :

« 17 octobre 1846.

« Nous savons, d'une manière positive, que vous vous
» trouvez depuis assez longtemps dans la ville de Paris la
» Protégée; mais nous ignorons si vous y avez été bien ac-
» cueilli et quelles y sont vos occupations. Nous espérons que
» Dieu attendrira les cœurs et les remplira de compassion
» pour nous.

» Vous savez sans doute les amertumes nombreuses dont nous
» sommes chaque jour abreuvés; résultat de la gêne, de la
» honte et de la pauvreté excessive dans laquelle se trouvent
» les Chrétiens du Liban, principalement dans le diocèse de
» Sida, de Beyrouth, ainsi que dans le reste des lieux et con-
» trées habités conjointement par les Maronites et les Druses.

» Quoique vous ayez déjà fait un assez long séjour à Paris,
» votre présence en cette ville ne s'est pas encore manifestée
» à nous par le moindre résultat. Cela doit-il vous être im-
» puté? ou bien a-t-on refusé d'ajouter foi à vos paroles? ou
» bien encore ne vous êtes-vous pas adressé aux personnes
» charitables et miséricordieuses?

» Nous vous annonçons présentement que la position des
» Maronites ne s'est point améliorée; qu'ils sont toujours
» livrés aux malheurs, aux chagrins, aux angoisses, à l'avi-
» lissement et à une extrême pauvreté. Il nous serait impos-
» sible de décrire tout ce que leur existence a de précaire, et
» le peu de sécurité où ils se trouvent maintenant. On vient
» de les placer sous la dépendance et la domination des
» Druses, leurs ennemis : ces loups ravisseurs, dévastant le

---

(1) Cette adresse à la France est intitulée : *Lettre d'Abd'Allah Boustani,
évêque de Sida, de Sour, de Saint-Jean-d'Acre, de Nazareth la Glorieuse, et
de tous les lieux, villages et villes, depuis Beyrouth jusqu'à Jérusalem la
Noble, plaines et montagnes, au Père Azar, à Paris.*

» troupeau confié à leurs soins, mettent le comble à la misère
» générale, en exigeant le tribut de cinq années ; prétention
» tyrannique qui enflamme les cœurs d'une généreuse indi-
» gnation, qui abat le courage des sages et qui remplit
» d'aversion les âmes fières et sensibles. En effet, qui pour-
» rait voir de sang-froid des barbares faire la loi à un peuple
» civilisé? qui pourrait voir sans frémir les esclaves de Satan
» prétendre gouverner et protéger les fidèles? et cela après
» avoir, à trois reprises différentes, incendié et ravagé leurs
» habitations, répandu leur sang, corrompu leurs enfants,
» déshonoré leurs femmes et leurs filles, déchiré leurs saintes
» images, foulé aux pieds leurs croix et détruit leurs églises;
» après les avoir dispersés dans les solitudes et les déserts,
» après les avoir accablés de tant de vexations que beaucoup
» d'entre eux sont morts de faim et de froid !

» Les calamités que les Maronites ont eues à supporter de
» la part de leurs cruels ennemis, ont dépassé toutes les
» limites : et cependant ce sont là ces ennemis qui disent
» maintenant les protéger, les gouverner et veiller à tout ce
» qui les intéresse ! Qui pourrait apprendre sans la plus vive
» indignation que des barbares sanguinaires tuent les justes,
» pillent les biens des veuves et des orphelins, font passer
» entre leurs mains toutes les richesses des Maronites, re-
» cueillent en leur présence le fruit de leurs sueurs et de leur
» sang, consomment et dissipent des provisions destinées
» à soutenir leur vie ainsi que celle de leurs enfants? Voilà les
» hommes qui viennent les gouverner dans ces temps mal-
» heureux !

» Comment se peut-il donc faire que ceux qui nient l'exis-
» tence de Dieu soient les pasteurs de son peuple? Quoi! les
» ennemis de la Religion du Messie, ceux qui se rient de
» cette sainte foi, qui désirent ardemment son entier anéan-
» tissement; qui, par ruse ou par force, entraînent un grand
» nombre de simples ou de faibles dans l'idolâtrie; qui ne
» cessent pas de commettre des actions infâmes, telles que

» l'enlèvement des filles et des jeunes garçons, ce sont ceux-
» là qui gouvernent et qui dirigent le peuple du Messie !

» Ceux à qui toutes les abominations sont permises, même
» l'inceste; ceux dont les livres sacrés et les prophètes ne
» défendent point le pillage des biens du prochain ; ceux qui
» se considèrent comme les propriétaires du monde entier,
» regardant tous les peuples comme leurs serviteurs et leurs
» esclaves, ceux-là doivent-ils être chargés du soin d'assurer
» le repos et la liberté des Maronites ? Non certes; ce serait
» assurer leur destruction entière et l'anéantissement même
» de leur nom.

» D'où nous viendra donc le secours que nous avons droit
» d'attendre ? Où est le zèle des Rois Chrétiens pour nos inté-
» rêts ? où est la protection qu'ils accordent aux Maronites ?
» où sont leur gloire, leur magnificence et la grandeur de
» leur puissance ? où est l'ardeur de leur religion ? où est l'ap-
» pui qu'ils doivent aux opprimés ? Hélas ! où est aussi l'effet
» de nos prières pour eux ? A quoi nous ont servi les suppli-
» cations journalières que nous avons adressées au Seigneur
» pour leur gloire et leur élévation ? N'ont-ils donc plus la
» crainte de Dieu ? Ont-ils perdu leur zèle magnanime pour
» les intérêts de la Religion du Messie, puisqu'ils regardent
» avec indifférence ce qui se passe d'horrible entre nous et
» nos ennemis, ces monstres infernaux qui, semblables à des
» baleines, nous engloutissent tout vivants et anéantissent
» jusqu'à notre mémoire ? Sont-ce là les preuves et les signes
» de la protection des Rois Chrétiens envers les Maronites
» opprimés ? Encore une fois, où est leur zèle pour la foi du
» Messie ? où sont leurs efforts pour propager cette Religion
» sainte et ramener au bercail les brebis égarées ? où trou-
» verons-nous l'unanimité des Chrétiens qui faisait leur force
» et leur gloire dans les siècles passés ? Qu'est devenue leur
» ferme croyance et cette persuasion antique qu'ils ne
» forment qu'un seul corps en Jésus-Christ, qu'ils n'ont
» qu'une seule communion et qu'un seul baptême ?

2

» Ah ! nous les en conjurons, qu'ils nous considèrent comme
» un doigt de leurs pieds, comme une partie de leurs en-
» trailles : ne sentent-ils pas nos douleurs ? n'entendent-ils pas
» nos cris perçants ? ne comprennent-ils pas l'excès insuppor-
» table de notre misère ? ne savent-ils pas que nos ennemis
» nous ont enlevé tout ce que nous possédions, objets de prix
» comme de peu de valeur, en sorte qu'il serait impossible
» de trouver la moindre chose dans nos misérables demeures !
» Tous ces biens que nous avions amassés avec peine par
» notre travail et notre industrie, nous les voyons mainte-
» nant, de nos propres yeux, au pouvoir de nos ennemis, les
» Druses, les Métualis, les Musulmans ! Voilà que nos viandes
» et nos récoltes leur servent de nourriture, et qu'ils achèvent
» de les dévorer dans leurs festins ! Hélas ! ils ne nous ont
» laissé que le vieux vêtement de nos os (1) ! Et cependant ils
» nous gouvernent !...

» Tout ce qui n'a pas été consumé par le feu est devenu la
» proie de ces barbares. Qui pourrait compter tout ce qu'ils
» nous ont dérobé en fait de cuivre, d'argent, de flambeaux,
» de candélabres, de lits, de vêtements, d'ornements sacer-
» dotaux, de calices, etc., etc. ? Ajoutez à cela les montures,
» chevaux, mules, chameaux, bêtes de somme, les bœufs,
» les moutons et les chèvres. De plus, ils ont enlevé les con-
» trats de nos vignes, de nos jardins et de toutes nos terres ;
» ils ont enlevé les registres de toutes les églises, des mai-
» sons, des écoles, dans tous les pays habités en commun
» avec ces féroces ennemis. Il ne reste aux Maronites ni pro-
» priété mobilière ni propriété immobilière ; leurs meubles
» ont été pillés ou brûlés ; les contrats des immeubles ont été
» arrachés avec violence des mains de leurs propriétaires.
» Bien plus, ils mettent le comble à la détresse de leurs vic-
» times, en leur imposant cinq années de tribut. Ils regardent
» peut-être les Maronites comme des esclaves conquis à la
» pointe de l'épée !

(1) La peau.

» Pour le moment, nos ennemis semblent jouir en paix du
» fruit de leurs brigandages. Nous connaissons tous ceux qui
» s'en sont rendus coupables ; et ils ne conserveront certaine-
» ment pas le bien qu'ils ont si injustement ravi, car lorsque
» les Français vont couvrir les Maronites de leur généreuse
» protection, les barbares seront forcés de restituer tout ce
» qu'ils ont pris, puisque les Français sont leurs maîtres ! Que
» nos Rois Chrétiens et nos frères, fils de la foi, considèrent
» donc l'état pitoyable du peuple maronite, et qu'ils prennent
» garde qu'on le conduit rapidement à sa ruine, qu'on le dés-
» honore aux yeux des nations !

» Mais, hélas ! les pauvres Maronites poussent des cris, et
» personne d'entre les Rois Chrétiens ne les écoute. Ils de-
» mandent la pitié, et personne n'a pitié d'eux ; ils implorent
» la compassion, et personne ne compatit à leurs maux ex-
» trèmes. Ils ont donc été avilis et bafoués devant toutes les
» nations ! Il ne leur est plus permis de goûter un peu de
» repos ni le jour ni la nuit.

» Père Azar, vous n'ignorez pas que, la première fois, il
» nous a été enlevé personnellement, ainsi qu'à notre siége et
» à votre collége, des objets s'élevant environ à la somme de
» 244,270 piastres turques. Votre propre perte se monte à
» 22,545 piastres ; celle de vos parents et de vos frères peut être
» évaluée à environ 100,000 piastres. Mais, chose bien plus
» lamentable ! la seconde fois, outre les biens pillés, les mai-
» sons incendiées, tous ont été ou tués ou brûlés, sans excep-
» ter ni les enfants de votre oncle ni ceux de vos proches.

» Quant au gouvernement ottoman, malgré l'accord des
» Rois, qui lui fait une loi de restituer entièrement les biens
» des Chrétiens, il emploie toutes sortes de ruses pour se
» soustraire à cette obligation. Il a nommé un divan qui cause
» beaucoup de préjudice aux Maronites, bien loin de les sou-
» lager dans leur détresse. En effet, depuis deux ans, il les tient
» en suspens, et ne leur a jusqu'à présent remboursé que des
» sommes insignifiantes. Par exemple, sur les 122,545 piastres

» qui vous ont été pillées à vous et à vos parents, il ne vous ont
» encore remis que 200 piastres. Nous les avons données à
» vos neveux restés orphelins et plongés dans une affreuse
» pauvreté, afin qu'ils puissent les employer à leur nourri-
» ture et à leurs plus pressants besoins. Voyez et jugez par
» là de quelle manière se fait le prétendu remboursement.

» Il est impossible de se faire une juste idée des pertes
» considérables que nous avons éprouvées, lorsque nos en-
» nemis sont encore venus nous ravager. Nous avons perdu
» toute sécurité. Outre l'exigence du tribut de cinq années
» qu'il nous faut subir, n'avons-nous pas été mis sous l'entière
» dépendance de ces cruels ennemis, ravisseurs de nos biens?
» Ils ont brûlé une seconde fois les bâtiments du siége épis-
» copal et ceux de l'école, que vous et moi avions fait re-
» construire dans leur premier état. Ils ont pillé de nouveau
» tout ce qui appartenait à nous-même ou à l'école. La va-
» leur des différents objets qu'ils nous ont pris peut s'éle-
» ver à la somme de 150,000 piastres, sans compter les ca-
» lices réservés à la dignité épiscopale, la mitre et la
» crosse, les ornements sacerdotaux, les vases, les contrats
» de l'école et de ses revenus, ceux de toutes les églises du
» diocèse, qui étaient conservés au trésor du siége épiscopal,
» et même le grand anneau dont nous faisons usage à la
» messe solennelle. Cet anneau béni, qui le porte à cette
» heure, au lieu de nous? C'est le druse El-Cheikh-Saïd-Djan-
» balat, notre nouveau gouverneur.

» Tous les objets qui ont été enlevés à nous ou à l'école,
» sont aujourd'hui en la possession de deux Druses, dont l'un
» se nomme Yousouf-Abou-Hasan, de Bathir, et l'autre Hasin-
» Abou-Zahir, de Aïn-Cana-El-Shouf. Nous nous trouvons au
» milieu des ennemis, ne possédant plus rien, si ce n'est
» l'habit que nous portons sur le corps. Que le Nom de Dieu
» soit béni !

» Dans notre dénûment absolu d'ornements sacrés et autres
» objets du culte, dans le danger qui menace notre vie,

» voyant la dispersion de nos diocésains, la ruine de nos sem-
» blables, le manque d'habitations et de nourriture pour
» nous et pour nos fidèles serviteurs, en un mot la disette
» affreuse de tout ce qui est indispensable à la conservation
» de notre chétive existence, nous avons eu recours à Sa Sain-
» teté le Patriarche.

» Maintenant notre diocèse est tout abandonné. Ses habi-
» tants sont dispersés dans les solitudes et dans les déserts.
» Leur faim et leur nudité font pitié. Ils n'ont pour toit que
» la voûte du Ciel, pour nourriture que des herbes sau-
» vages (1). Mais ceux qui ont eu le courage de revenir pour
» habiter leurs maisons entièrement ravagées, n'ont pas
» trouvé au retour un sort moins misérable que celui de
» leurs frères errants et cachés. Les ennemis acharnés à leur
» perte ne leur ont pas laissé un abri.

» Tous attendent le résultat de vos efforts et des efforts de
» tous ceux qui sont pleins de zèle auprès de nos Rois Chré-
» tiens pour obtenir leur miséricorde et leur compassion,
» pour obtenir la restitution de leurs biens et le rétablisse-
» ment de la sécurité ; pour obtenir des gouverneurs chré-
» tiens qui puissent nous administrer suivant nos usages et
» nos besoins. Nous crions tous d'une seule voix, implorant
» la bonté de Dieu Très-Haut, ainsi que le secours de nos
» Rois Chrétiens et de tous nos frères, fils de la foi, Princes,
» Chefs, Cardinaux, Archevêques, Évêques, prêtres, reli-
» gieux, tous les fidèles, sans excepter même les femmes, les
» filles et les enfants ; nous nous adressons à tous, et nous leur
» disons : Ayez compassion de nous, ayez compassion de nous,

(1) La détresse des Maronites qui survivent aux derniers massacres est
encore la même. M. François Lenormant écrit de Beyrouth (5 juillet) que la
plus cruelle famine désole le Kes-Rouan : « Tout ce qu'il y avait de grains et
» de bestiaux, dit-il, a été dévoré, et la population qui encombre ce coin de
» la montagne en est réduite à manger des feuilles de mûrier bouillies pour
» tromper sa faim. »
Et dans la correspondance datée de Beyrouth, 4 juillet, et insérée au
Moniteur du 21, on lit la même chose : « Le blocus (de Deir-el-Kammar) se
» resserra après le départ de Taher-Pacha. Trois personnes étant sorties de la
» ville pour chercher des feuilles de vigne, avec lesquelles elles comptaient
» apaiser leur faim, furent tuées par les Druses. Le gouvernement profita de
» l'occasion pour renouveler aux Chrétiens la défense de s'éloigner. »

» Ô nos frères, ô nos maîtres, ô nos seigneurs, fils de la foi du
» Messie ! Ayez compassion de nous, ayez pitié de nous, nous
» sommes vos frères les croyants ; sauvez-nous de nos enne-
» mis, les démons. Vous avez compris toute l'étendue de nos
» malheurs ; vous avez appris notre avilissement ; vous avez
» eu connaissance de notre pauvreté, de notre nudité. Grands
» et petits, nous vous implorons tous d'une voix unanime,
» avec un cœur brisé et rempli d'amertume. Nous nous pros-
» ternons à vos pieds, en vous suppliant de nous préserver
» de la fureur de nos ennemis, de nous arracher des mains
» de ceux qui nous haïssent, de ceux qui répandent le sang,
» de ceux qui déshonorent notre terre, de ceux qui dévorent
» le fruit de nos sueurs, qui pillent nos biens et nous dé-
» pouillent des richesses que nous avions amassées avec tant
» de peine par les travaux de toute notre vie ! Vous pouvez
» nous protéger ; vous pouvez nous rétablir dans notre an-
» cien état, en nous donnant des chefs chrétiens, qui mettent
» leurs soins à nous dédommager de nos pertes ; vous pouvez
» avoir pitié de nous. Et puisse le Dieu tout-puissant, le
» Maître du ciel et de la terre, vous accorder en récompense
» la puissance, la force et l'autorité sur toutes choses !

» Mais, hélas ! n'est-ce pas en vain que nous concevons une
» si douce espérance ? Nos prières et nos cris sont-ils parvenus
» jusqu'à vous ? Avez-vous souffert de notre état pitoyable ?
» Vous êtes-vous affligés de nos malheurs ? Vous êtes-vous in-
» dignés de l'effusion de notre sang, du déshonneur de nos
» femmes et de nos filles, du massacre de nos enfants ?... Et
» pourquoi n'en serait-il pas ainsi ? Ne sommes-nous pas vos
» frères, ne sommes-nous pas les fils de votre sang, les mem-
» bres de vos corps ? Non, non, nous ne cesserons pas de re-
» doubler nos cris et de renouveler nos supplications auprès
» du Dieu Très-Haut, comme aussi auprès de votre miséri-
» corde, afin que vous ayez pitié et compassion de nous.

» Le sang de ceux qui ont été égorgés parmi nous, la corrup-
» tion dont nos enfants ont été les tristes victimes, les os de nos

» morts qui se font entendre du fond de leurs tombeaux , les
» cendres de ceux qui ont été brûlés, toutes ces voix lamen-
» tables implorent le secours de Dieu et le vôtre. Les pleurs
» de nos enfants se font partout entendre, nos femmes déso-
» lées éclatent en sanglots. La douleur des orphelins, les an-
» goisses des veuves , les gémissements de ceux qui ont faim
» et soif, de ceux qui sont nus, de ceux qui errent dispersés
» en tous lieux, le peuple maronite entier, les arbres, la terre,
» le ciel de nos contrées , les hauteurs du mont Liban, toutes
» ces voix lamentables crient sans cesse : Sauvez-nous, ô Rois,
» ô nos frères en Jésus-Christ ! Pitié, compassion , secours, ô
» vous qui êtes amis de la miséricorde et de la charité ! Met-
» tez le comble à vos grandes actions, ô vous qui êtes zélés
» pour la foi du Messie ! Sauvez-nous de nos maux ! Nous
» sommes tous les membres d'un seul corps en Jésus-Christ !...
» Ah ! nous vous en supplions par les mérites infinis du Sang
» de ce divin Messie et par son amour immense , répondez à
» nos prières réitérées, accueillez favorablement nos suppli-
» cations, puisque vous êtes nos frères en Jésus-Christ !

» O nos frères, n'avons-nous pas jusqu'à cette heure assez
» souffert, assez supporté de chagrins, de troubles, d'inquié-
» tudes, de tourments et de misère ? C'en est fait : nos cris et
» nos sanglots sont parvenus au plus haut des Cieux, en la
» présence du Dieu trois fois Saint, en présence de son amour
» et de sa miséricorde. Nous croyons que ce Dieu de bonté ne
» nous oubliera pas, car il ne repousse aucun de ceux qui im-
» plorent son secours et son appui. Mais c'est vous qui devez
» être les intermédiaires qu'il veut employer pour notre dé-
» livrance et pour notre salut. Un jour peut-être il vous de-
» manderait compte de notre sang et de toutes nos douleurs,
» si vous refusiez de seconder ses desseins. Depuis sept ans
» nous sommes accablés de maux extrêmes, pour l'expiation
» de nos péchés et de nos tentations devant Dieu.

» Autrefois vous avez sauvé la Morée en l'arrachant à ses
» misères et à tous ses maux ; vous lui avez donné la liberté ;

» vous avez eu pitié d'elle. N'est-il donc pas en votre pouvoir
» de nous sauver aussi, de nous délivrer et de nous rétablir
» dans notre ancien état ? Nous vous en supplions tous avec
» humilité, pleurant, gémissant dans la profonde douleur
» d'un cœur contrit et humilié ! Sauvez-nous et délivrez-nous
» promptement ; éloignez du peuple maronite la honte et le
» déshonneur, en confondant ceux qui disent avec orgueil :
» Où sont les Rois qui les protégent ? où est la puissance si
» vantée des peuples chrétiens ? où est le secours de l'Europe
» dont les Maronites se glorifient ? où est la noblesse de ces
» nations ? Qu'elles viennent donc la faire voir à ceux qui ont
» mis en elles leur confiance ! Qu'elles se montrent pour les
» protéger !... C'est ainsi que nos ennemis insultent chaque
» jour à notre infortune. Ah ! qu'il nous tarde de voir arriver
» les Francs ! Quand viendront-ils donc, pour que nous puis-
» sions dire que notre glorification et notre espoir sont véri-
» tablement en eux seuls !

» Peuple français, c'est dans la crainte que vous ne gou-
» verniez notre pays, que nos ennemis jaloux et superbes
» nous ont accablés de tant de maux, nous ont avilis, nous ont
» si cruellement opprimés en toute manière. Hâtez-vous de
» nous secourir, car si vous tardez encore, nous périrons tous.
» Que votre secours n'arrive pas après la mort et l'anéantis-
» sement des Maronites. Ne tardez pas davantage, il ne serait
» plus temps, et au jour du jugement dernier, lorsque nous
» serons en présence du Dieu Magnifique, nous aurions à vous
» demander compte de notre sang, de notre ruine, de toutes
» nos misères et des douleurs extrêmes que nous souffrons et
» qui dépassent toute mesure.

» Peuple français, nous ne cesserons de répéter nos priè-
» res et nos invocations à la miséricorde du Créateur Très-
» Haut, pour l'accroissement de votre puissance et de votre
» gloire, le conjurant de vous élever au faîte de la grandeur
» et de répandre sur vous l'abondance de ses bénédictions.

» Ainsi soit-il ! Ainsi soit-il ! »

Changez la date, et tout ce que cet Évêque dit en 1846, pour émouvoir la compassion de la France, ne convient-il pas à l'heure où nous sommes? Cette politique qu'on recommande au gouvernement et qui consisterait à ne rien faire que d'accord avec la Porte, a été aussi professée il y a quatorze ans, hélas! et pratiquée. Elle n'est bonne qu'à rassurer les bourreaux : quand ils voient que la France parle et négocie, ils comptent bien que la France n'agira point.

Il y a quatre ans, la Chrétienté voyait quelque chose d'inouï. Au Congrès de Paris, le Turc était assis entre les représentants des grandes puissances, dans le conseil de famille de l'Europe chrétienne. Faut-il blâmer cette condescendance à laquelle nos pères n'auraient pas pu croire? Faut-il reprocher aux gouvernements de l'Europe d'avoir oublié leur dignité de gouvernements chrétiens? Mais cette condescendance répondait au sentiment de la société qui semblait se reprocher d'avoir méconnu pendant de longs siècles le Turc, la sublimité de ses croyances, l'excellence de ses vertus et le charme de ses qualités sociales. Parce que nous avons à peu près tous mérité le même reproche, personne n'a le droit de l'adresser à personne.

Cependant l'admission de la Porte Ottomane dans le Congrès des puissances chrétiennes, était le dernier mot de la politique qui voudrait encore régler toutes choses à l'amiable avec les irréconciliables ennemis du nom chrétien. Ce suprême effort d'une politique qui aime mieux protéger les Chrétiens d'Orient par des protocoles que par l'épée, qu'a-t-il produit?... Le hatti-houmayoun, c'est-à-dire un papier, une reconnaissance écrite des droits des Chrétiens, une promesse de les respecter. Mais quoi de sérieux? quoi de réel?

Un consul français assassiné il y a deux ans, un consul français menacé hier, voilà tout ce qui distingue ces dernières années des années 1845 et 1846, voilà le prix de la trop généreuse protection que nous avons accordée à la Turquie en 1854 et 1855, voilà le prix de notre sang versé pour sa cause !

Mais comment la diplomatie aurait-elle pu obtenir des Turcs le respect de la vie et des droits les plus sacrés des Chrétiens, quand la haine du nom chrétien est à la religion musulmane ce qu'est à la Religion Chrétienne la divine charité, quand le *djihad* ou la guerre sainte est la loi des Musulmans; quand cette guerre, qui peut avoir des trèves imposées par la nécessité, ne peut avoir de fin que la fin même du Christianisme; quand les Musulmans ne voient en nous que des *harbys*, c'est-à-dire des ennemis nés ! On voit trop souvent, on voit presque toujours qu'un peuple vaut moins que sa religion. Où a-t-on jamais vu qu'il valût mieux qu'elle? Et quand le Coran nous déclare une guerre sans trève ni merci, quelle merci pouvons-nous attendre des Musulmans?

Quel accord pourrait être établi entre l'Europe chrétienne et les Musulmans pour le châtiment des Druses et pour la protection des Chrétiens d'Orient, quand tous les témoignages dénoncent la complicité des Musulmans, et quand un témoin rapporte que les horreurs commises par eux, *ont en bien des endroits révolté les Druses eux-mêmes* (1) ! Je sais que les croyances des uns et des autres sont différentes et sont même tout à fait opposées sur ce qui importe le plus à l'homme, c'est-à-dire sur son libre arbitre et sur l'intervention divine dans les affaires de ce monde; que les Musulmans nient l'homme en quelque sorte, puisqu'ils nient sa liberté; que les Druses, au contraire, nient Dieu en niant sa Providence, sa bonté, sa justice, en le réduisant, comme font nos rationalistes, à l'état de pure abstraction. Mais qu'importe si par cette naturelle conjuration de toutes les erreurs contre la vérité, ils obéissent à la même haine, s'ils ont fait le même serment d'exterminer la Chrétienté?

Si voulant échapper un moment, du moins par la pensée, au douloureux spectacle que nous offrent les divisions de l'Europe chrétienne, nous remontons le cours du temps, nous nous trouvons en face d'une autre politique. A neuf siè-

____

(1) Lettre de M. François Lenormant. (Beyrouth, 1er juillet.)

cles de distance, nous ne retrouvons plus les Chrétiens hési-
tants et incertains de nos jours, mais nous retrouvons les
mêmes Musulmans qui remplissent de la même désolation qu'à
cette heure la Syrie et les Saints Lieux. L'Orient jette comme
aujourd'hui à l'Occident ses cris de douleur. Et Jérusalem dit
à l'Europe par la bouche de l'Archevêque de Ravennes (1) :

« Toute renversée que je sois maintenant, l'univers me
» doit beaucoup ; j'ai possédé les oracles des Prophètes et
» des Patriarches ; les Apôtres, ces lumières du monde, sont
» sortis de mon sein. L'univers retrouve ici la foi du Christ ;
» son Rédempteur est venu de moi ; quoique sa divinité soit
» partout, cependant, par son humanité, il est né, a souffert,
» a été enseveli dans ces lieux, et c'est d'ici qu'il s'est élevé
» au Ciel. Parce que le Prophète a dit : *Son sépulcre sera glo-*
» *rieux,* le démon a tenté de lui ravir sa gloire en faisant
» ravager les Lieux Saints par les Infidèles. Soldats du Christ,
» faites des efforts, levez l'étendard, combattez ! »

Un peu plus tard, c'est le Vicaire de Jésus-Christ, c'est le
grand Pape Urbain II (un Français (2) !) qui appelle la Chrétienté au secours des Chrétiens d'Orient et qui sort de la cathédrale de Clermont et se rend sur la grande place (3) pour
que ses paroles soient entendues de la multitude :

« La terre où s'est levé le soleil de la vérité, où le Fils a
» daigné vivre, où il a enseigné, où il a souffert, où il est
» mort et ressuscité après avoir accompli l'œuvre de la Ré-
» demption, cette terre sacrée est tombée entre les mains des
» Infidèles. Le temple de Dieu a été profané, les Saints ont
» été tués et leurs corps sont devenus la proie des bêtes (4) ;

(1) Gerbert.
(2) Un Champenois, né à Châtillon, sur la rive droite de la Marne, à sept
lieues de Reims. Odon de Châtillon, comme l'appellent ses contemporains,
fut le digne successeur de saint Grégoire VII. Le très-court pontificat de
Victor III sépare seul les deux pontificats si féconds de Grégoire VII et
d'Urbain II.
(3) Le Concile de Clermont, qui tint d'abord ses séances dans la cathédrale,
les transporta ensuite, à cause de l'affluence toujours croissante, sur la grande
place qui s'étendait alors entre la cathédrale et la Poterne, et qu'il ne faut pas
confondre avec la place de Jaude.
(4) Aujourd'hui les Maronites, les Saints, comme leur nom le dit (du mot
syriaque *mar*), sont livrés aux flammes.

» le sang des Chrétiens a coulé comme de l'eau dans Jérusa-
» lem et autour de ses murs, et nul ne vient les ensevelir...
» Plein de confiance en la miséricorde divine, et en vertu de
» l'autorité de saint Pierre et de saint Paul, dont je suis le
» dépositaire, je donne indulgence pleine et entière à tous
» les Chrétiens qui, animés d'une sincère dévotion, pren-
» dront les armes contre les Infidèles; quiconque mourra,
» durant ce saint pèlerinage, dans les sentiments d'une vraie
» pénitence, obtiendra la rémission de ses péchés et la vie
» éternelle (1). »

Et la foule, qui savait bien que Dieu parle par la bouche
de son Vicaire, s'écriait : DIEU LE VEUT ! DIEU LE VEUT !..

Ne rions pas de cette foi simple et forte de nos pères. Envions-
la bien plutôt. C'est elle qui leur fit faire les grandes choses
dont la seule pensée nous confond. Que les temps sont chan-
gés! disent les hommes toujours ingénieux à repousser les
résolutions héroïques. Les plus grands changements accom-
plis le sont dans nos cœurs. Tous les autres changements sont
à l'avantage des générations présentes. Les difficultés maté-
rielles de l'entreprise où la France se jette aujourd'hui ne
sont que jeux d'enfant auprès des difficultés que nos pères
ont dû vaincre pour aller en Syrie et en Palestine et y ren-
contrer des ennemis autrement redoutables que les Druses et
les Turcs de nos jours. Jamais l'Europe n'avait paru exposée
à plus de périls intérieurs (2) qu'à l'heure où Urbain II lui
cria : En Orient ! en Orient ! et où elle répondit : DIEU LE
VEUT ! DIEU LE VEUT !

Cette témérité généreuse, cette autre folie de la Croix, eut
sa récompense, et après tant de siècles nous en jouissons nous-
mêmes et nos enfants en jouiront après nous. Sans les Croisades, la France ne serait pas la France, elle serait un je ne

(1) MANSI, t. XX, p. 816. — WILLELMUS TYRIUS, *Hist. belli sacri*, lib. I.
(2) A ce même Concile de Clermont où Urbain II proclama la première Croisade, il excommuniait, avec une audace tout apostolique, le Roi de France,
Philippe Ier, qui venait de répudier la Reine Berthe, pour épouser Bertrade,
femme de Foulques, comte d'Anjou.

sais quoi qui n'a pas de nom, une agglomération de petits
États jaloux, envieux, ennemis les uns des autres, épuisant
toutes leurs forces à s'entre-détruire. Elle a fait les Croisades
contre toute prudence humaine; mais Dieu le voulait! et
Dieu lui a donné, pour prix de sa filiale obéissance, d'être la
France!

Les difficultés de l'heure présente, sans être aussi grandes
que les difficultés qui n'ont pas arrêté nos pères, sont encore
redoutables, et l'Europe n'a que trop de raisons d'être inquiète.
La révolution est déchaînée, et avant même que ce cri de détresse nous imposât le devoir de jeter au loin une partie de
nos forces, l'Europe se demandait chaque jour quel serait le
lendemain. Mais une résolution généreuse trouve déjà sa récompense en elle-même dans les résolutions généreuses qu'elle
inspire. Voulant combattre les tigres qui désolent l'Asie, nous
voudrons museler les tigres qui effrayent l'Europe. Et il suffit
de le vouloir. C'est un tison embrasé que nous ne voudrons
pas laisser derrière nous, un commencement d'incendie qu'il
faut étouffer.

Mais apprenons, par l'exemple de nos pères, que la force la
plus forte contre les ennemis du nom chrétien, c'est la parole
du Vicaire de Jésus-Christ, c'est le souffle qui sort de sa bouche et qui enflamme les bataillons. Que l'Europe du xixe siècle ne donne pas aux âges futurs le spectacle étrange d'une
guerre sainte, d'une Croisade, entreprise par des Chrétiens
qui ne vivent pas dans une intime union avec le Chef de l'É-
glise. Que tout ce que nous voyons en même temps en Orient
et en Occident apprenne à cette Europe trop vaine de sa fausse
science, qu'elle ne réussira pas plus à imposer la civilisation
chrétienne aux Musulmans sans qu'ils cessent d'être Musulmans, qu'à imposer au Siége indéfectible de Pierre une politique qui n'est pas la vieille politique chrétienne, deux chi-
mères, sœurs nées du même principe.

Que les droits inaliénables et imprescriptibles du Pontife-
Roi soient proclamés hautement, sans réserve et sans arrière-

densée. Que soit proclamée aussi la résolution de faire disparaître l'Islamisme de la surface de la terre. Que l'on n'objecte
pas la résistance de l'esprit du xixe siècle, qui est un esprit
de tolérance. L'esprit du xixe siècle n'a pas empêché, au lendemain de la révolution de 1830, c'est-à-dire à l'heure même
où il semblait vouloir tolérer toutes les doctrines, excepté
seulement les antiques croyances de nos pères, d'étouffer
l'Islamisme à Paris, où il s'appelait le Saint-Simonisme. Ar-
rière cette tolérance, qui n'est qu'une lâche indifférence pour
la vérité! La tolérance, le juste respect de l'homme pour la
liberté de son semblable, que l'antiquité n'a pas connue et
qui est une inspiration du Christianisme, ne doit pas aller
jusqu'à tolérer les détestables erreurs qui mettent la civilisation chrétienne en péril. Hésitions-nous, il y a douze ans,
quand des doctrines, qui étaient à peu près celles des Musulmans, mettaient les armes aux mains de tant de forcenés dans
les rues de Paris? Je ne sais pas si l'esprit du xixe siècle pro-
testait, mais je sais bien qu'on n'y a pas pris garde, et que
l'Assemblée législative à laquelle M. Pierre Leroux reprochait
(à bon droit, sauf le reproche) de faire de la théologie, l'a
laissé dire, et qu'elle a combattu, comme c'était son devoir,
les doctrines antisociales.

L'Islamisme n'a aucun droit à la tolérance, car il est en
dehors de l'humanité. De l'homme il ne connaît que le corps,
et ne promet à l'homme que les grossières jouissances du
corps. Qu'a donc l'homme au-dessus des animaux, quand il
est ainsi mutilé, ainsi séparé de la meilleure partie de lui-
même? Périsse à jamais cette doctrine dégradante qui fait de
l'homme un animal! Il ne peut pas y avoir de tolérance pour
elle.

Et si l'on ne veut pas s'élever jusqu'à cet ordre d'idées,
qu'on ait du moins pitié des Chrétiens, dont le sang coule
depuis plus de mille ans. Comme on connaît l'arbre à ses
fruits, on connaît une doctrine religieuse aux vertus ou aux
crimes qu'elle inspire. Le meurtre est le fruit naturel de la

doctrine de Mahomet, et les Assassins (1) ne sont, comme les Métualis, que des Musulmans de la secte d'Ali.

Nous avons fait disparaître les Saint-Simoniens d'au milieu de nous. Ferons-nous moins pour nos frères d'Orient que pour nous-mêmes? Hésiterons-nous à faire disparaître les Druses, les Musulmans de toute secte, tous les Assassins de l'Orient?

Mais on demande ce qu'il adviendra ensuite de ces contrées qui sont aujourd'hui soumises au Turc?... C'est le secret de Dieu. Est-ce que nos pères savaient, quand ils prenaient la Croix contre le Turc, quel serait le résultat, la solution, comme on dit aujourd'hui, des Croisades? Et parce qu'ils ne l'avaient pas su, ont-ils regretté plus tard de les avoir entreprises? Nous-mêmes, regrettons-nous qu'ils aient fait ce que Dieu voulait !

Il y a bien des divisions en Europe, il n'y en avait pas moins alors. Mais qu'importe? Que les nations catholiques marchent en avant. La France vient de leur donner l'exemple. Que l'Autriche et l'Espagne la suivent. On prétend que je ne sais quelles raisons politiques combattent les inclinations généreuses du cœur de François-Joseph. C'est mal connaître le grand Empereur qui a fait le concordat. L'Espagne ne retrouvera jamais une pareille occasion de reprendre en Europe le rang qui lui appartient. Que la Bavière, la Saxe, la Belgique, tous les États catholiques, se croisent encore comme jadis contre le Turc. Que les peuples avec lesquels le nom de Chrétien nous est encore commun, se montrent dignes de ce nom.

L'histoire ne raconte pas de guerres plus populaires que les Croisades. L'entreprise où la France se jette à cette heure, réunit dans les mêmes vœux et dans les mêmes espérances tous les cœurs de la grande famille. Depuis dix ans, on a deux

(1) Les Ismaéliens ont reçu ce nom d'*Assassins*, qui est une corruption d'*Achichin*, parce qu'ils faisaient usage du *hachich*. L'étymologie nous découvre souvent ces abîmes profonds que notre mollesse aimerait mieux ne pas connaître, au risque d'y périr. Un sensualisme élégant a voulu de nos jours introduire en Europe, en France même, l'usage du hachich. Ceux qui l'ont tenté suivaient leur instinct, mais nos instincts encore chrétiens ont résisté à leurs tentatives.

fois reproché aux *vieux partis*, comme on les appelle, leur silence. Mais un honnête homme peut-il applaudir à une guerre qu'il n'aurait point conseillée à ceux dont il est le serviteur dévoué? Grâce à Dieu, les sentiments des Français les plus français ne pourront plus être calomniés. Les joies de la victoire seront pures de tout regret.

Mais en allant combattre le croissant, rappelons-nous que c'est la Tiare qui « nous a sauvés du croissant, » qui « n'a cessé » de lui résister, de le combattre, de lui chercher des enne- » mis, de les réunir, de les animer, de les soudoyer et de les » diriger, » et que, « si nous sommes libres, savants et Chré- » tiens, c'est à elle que nous le devons (1). » Sauvons la Tiare de ces Musulmans qui n'en ont pas le nom, de ces idolâtres de la chair qui la menacent et qui l'ont déjà blessée. Elle-même nous aidera de sa parole toute-puissante, à sauver nos frères et à nous sauver avec eux. Urbain II et Pie V revivent dans Pie IX. Nous entendrons encore leur grande voix sortir de la bouche qui nous a tant de fois bénis depuis quatorze ans. Et nous dirons comme nos pères : DIEU LE VEUT! DIEU LE VEUT !

(1) Joseph de Maistre. *Du Pape*, liv. III, chap. VII, IX° édit., p. 391.

www.ingramcontent.com/pod-product-compliance
Lightning Source LLC
Chambersburg PA
CBHW061725060726
47597CB00006B/2576